TOMATEN

TOMATEN

Vorwort

Die Heimat der Tomate ist Südamerika. Dort zogen peruanische Indianer dieses Frucht tragende Nachtschattengewächs als Nahrungsmittel heran und nannten es „Tumatl“.

Die ersten Tomatenpflanzen und -samen wurden von Christoph Kolumbus und seinen Seefahrern nach Europa gebracht. Hier baute man sie zunächst in Apothekergärten und in den Gärten feiner Leute als Zierpflanzen an und bewunderte die Schönheit der leuchtenden Früchte. An den Genuss der knallgelben, kirschgroßen Früchte dachte damals niemand, im Gegenteil, sie galten als giftig.

Aber dann gelang es Züchtern, solaninfreie Früchte hervorzubringen, das heißt, das einst so gefürchtete Solanin ist nur noch in den sowieso nicht genießbaren Blättern enthalten. In dieser Zeit entwickelten sich auch die unterschiedlichsten Tomatenformen und -farben. Und je mehr Sonne sie in der Wachstumszeit abbekommen, desto höher steigt ihr Vitamingehalt. Sie besitzen wertvolle Mineralien, enthalten viele Ballaststoffe und bestehen zu etwa 95 Prozent aus Wasser.

Die kulinarische Popularität verdankt die Tomate den Italienern. Dort nannte man sie „Pomodoro“ (Goldapfel) und kreierte bereits im 18. Jahrhundert mit ihr unübertreffliche Rezepte. Erst etwa 100 Jahre später hielten die Tomaten Einzug in die deutsche Küche.

Heute unterscheiden wir zwischen den runden, glatten Tomaten, den Fleischtomaten, den Flaschen- und Eiertomaten und den Kirsch-, Dattel- oder Cocktailtomaten. Jede Sorte hat ihren besonderen Reiz, doch eines haben sie alle gemeinsam: einen Geschmack, der aus vielen Gerichten nicht mehr wegzudenken ist.

In unserem Buch finden Sie jede Menge Gerichte mit Tomaten, wie zum Beispiel Kasseler mit Tomatenvinaigrette, Mozzarella-Tomaten-Brote, Putenkeule mit Tomaten, Tomaten mit Käse-Kräuter-Schaum, Tomaten-Hackfleisch-Auflauf, Tomaten-Schafskäse-Mousse, Tomatenterrine, Kirschtomatentarte, Involtini mit getrockneten Tomaten und Pesto, um nur einige zu nennen.

Alle Rezepte sind für vier Personen berechnet und leicht nachzukochen.

Sicher läuft Ihnen beim Betrachten der Bilder schon das Wasser im Munde zusammen! Wir wünschen Ihnen viel Spaß beim Ausprobieren, gutes Gelingen und natürlich einen guten Appetit.

Ihre Redaktion

Einleitung

Tomaten in ihren vielfältigen Erscheinungsformen gehören zu den Fruchtgemüsen, die als Schutz eine fleischige Hülle ausbilden, in der ihre Samen heranreifen können. Aber gerade diese Hülle ist es, die köstlich schmeckt und sich zu allerlei leckeren Speisen verarbeiten lässt. Tomaten gibt es das ganze Jahr über zu kaufen, doch wer einen Garten hat, wird es sich nicht nehmen lassen, dieses feine Gemüse selbst anzubauen. Leider sind hier der „gärtnerischen Begeisterung" schnell Grenzen gesetzt. Tomaten stammen aus wärmeren Regionen, sodass sie auf einen geschützten, sonnigen Platz angewiesen sind. Deshalb ist es wichtig, den Anbau genau zu planen und den Boden sorgfältig vorzubereiten. Er muss locker und schnell erwärmbar sein und eine gute Wasserhaltekraft haben, damit eine stetige Feuchtigkeit ohne Staunässe gewährleistet ist. Dazu wird der Boden tief umgegraben und mit verrottetem Stallmist oder mit reifem Kompost angereichert. Die Pflanze wird sehr tief (bis zum Blattansatz) und etwas schräg eingesetzt, damit sich Seitenwurzeln bilden können, die für zusätzliche Ernährung sorgen.

Günstig ist es, Tomatenpflanzen mit einer verdünnten Nesseljauche zu düngen. Jauche ist im Allgemeinen stickstoff- und kalihaltig. Man muss sehr vorsichtig damit umgehen, um Verbrennungen und Geilwuchs zu verhindern.

Zunächst braucht man für die Herstellung ein nicht zu kleines Holz- oder Plastikfass oder einen Steinguttopf. (Metallfässer eignen sich nicht so gut, weil während der Gärung zwischen dem Metall und der Brühe ungünstige chemische Reaktionen stattfinden können.) Legen Sie über die Öffnung einen Holz- oder Drahtrost, damit keine Vögel oder andere Kleintiere in die Flüssigkeit geraten können, aber die Luftzirkulation gewährleistet ist.

Für die Pflanzenjauche wird zunächst das Grünzeug eingefüllt und dann das Wasser (am besten Regenwasser) darübergegossen. Die Tonne darf aber nicht bis zum Rand gefüllt werden, weil die Jauche während des Gärens hochschäumt. (An einem sonnigen Standort geht dies schneller.)

Die Jauche muss mindestens einmal pro Tag kräftig durchgerührt werden, damit Sauerstoff untergemischt wird. Weil Jauche immer unangenehme Gerüche verursacht, empfehlen „Jauche-Experten", ein paar Hände voll Gesteinsmehl oder Baldrianblütenextrakt unterzumischen, die diese Begleiterscheinungen mildern. Die Jauche ist gebrauchsfertig, wenn sie eine dunkle Farbe hat und nicht mehr schäumt, das ist meist nach zwei Wochen der Fall. Nun kann das Fass auch zugedeckt werden. Wer möchte, kann die Jauche sieben, um zu vermeiden, dass die schleimige, zersetzte Pflanzenmasse die Gießkanne verstopft. Auf jeden Fall aber muss die Jauche abgemessen und mindestens im Verhältnis 1:10 verdünnt werden. Im Zweifelsfall lieber schwächere Düngerlösungen geben!

Zur Herstellung von Flüssigdünger eignen sich beispielsweise Brennnesseln sehr gut. Brennnesseljauche wirkt ausgleichend und heilend, sie fördert das Wachstum und die Chlorophyllbildung. Regenwürmer lieben Böden, die mit Brennnesseljauche gedüngt wurden. Verwendet wird das grüne Kraut vor der Blüte. Es wird in handliche Stücke geschnitten. Getrocknete Brennnesseln können auch verwendet werden.

Beinwell oder Comfrey sind sehr eiweißhaltige Heilpflanzen. Sie können im Garten angebaut und mehrmals im Sommer abgeerntet werden. Die Comfreybrühe ist sehr stickstoff- und kalihaltig und nach Erfolgsberichten biologischer Gärtner ganz besonders gut für Tomatenpflanzen geeignet.

Der günstigste Standort ist ein voll sonniger, warmer Platz im Schutz einer Wand oder Gartenmauer. Tomaten wollen über Jahre hinweg immer den gleichen Standort. Sie gedeihen am besten, wenn sie Jahr für Jahr auf dem gleichen Beet wachsen. Sie bleiben gesund, wenn sie mit ihren eigenen Abfällen gedüngt werden, denn in ihrem eigenen „Dunstkreis" fühlen sie sich am wohlsten.

Hoch wachsende Sorten erhalten gleich bei der Pflanzung eine Stütze, damit die Wurzeln später nicht beschädigt werden. Tomaten, die an Stäben gezogen werden, bindet man immer wieder an. Bei ihnen lässt man nur den Haupttrieb stehen. Alle Triebe, die sich in den Blattachseln entwickeln, müssen von Zeit zu Zeit entfernt (ausgegeizt) werden. Sie dienen als Mulchmaterial. Später entfernt man auch das Laub, das Schatten wirft, um die Tomaten in der Sonne ausreifen zu lassen.

Die Tomate wird aus Samen gezogen. Dazu legt man die Tomatensamen ab Februar in eine Keimbox und setzt sie, wenn sich einige Blattpaare gebildet haben, in Blumentöpfe um. (Das ist in der Regel nach etwa vier Wochen.) Bei geeignetem Wetter stellen Sie die Pflänzchen im Freien auf, um sie an die Außentemperatur zu gewöhnen. Erst nach den Eisheiligen, um den 15. Mai, kommen sie endgültig ins Freiland.

Selbstverständlich können Sie die Jungpflanzen aus Samen selbst ziehen, einfacher ist es aber, kräftige Pflänzchen zu kaufen und diese nach den letzten Nachtfrösten an den vorgesehenen Platz zu setzen. Sie benötigen einen Pflanzabstand von 50 bis 60 cm. Gegossen wird am besten mit temperiertem, abgestandenem Wasser – aber nicht zu viel auf einmal. Eine Gießrille rund um die Pflanze hat sich als sehr günstig erwiesen. Spätestens ab der Blüte dürfen Tomaten kein Gießwasser von oben abbekommen.

Ende Mai haben die Tomaten eine starke Wachstumsperiode. Jetzt müssen die Stängel gestützt und vorsichtig angebunden werden. Wenn die Pflanzen hoch genug sind, werden alle Triebe über dem vierten oder fünften Blütenstand abgebrochen.

Sollten Sie in Ihrem Garten keinen Platz haben, wo Ihre Tomatenpflanzen vor kaltem Wind und Zugluft geschützt sind, lohnt es sich, Tomatenhauben anzuschaffen. Sie schützen die Jungpflanzen die ersten vier bis sechs Wochen an kalten Tagen und in kühlen Nächten. Danach sollten sie entfernt werden, um Pilzbefall zu vermeiden und die Pflanzen bis Ende August ungeschützt der Sonne auszusetzen. Erst später, ab Mitte September, wenn mit Schlechtwettereinbrüchen oder Kälte zu rechnen ist, werden die Tomatenhauben wieder übergezogen. So werden die letzten Sonnenstrahlen effektiv genutzt, die Tageswärme wird über Nacht gehalten und die Tomaten können noch weiterwachsen.

Freilandtomaten, die draußen nicht mehr reifen, werden grün geerntet. Sie müssen aber nicht, wie viele denken, auf eine sonnige Fensterbank gelegt werden, um rot zu werden. Legen Sie sie in einen Korb, decken Sie sie mit einem Tuch zu und stellen Sie sie in die warme Küche. Bei genügend Wärme reifen sie auch ohne Sonne. Übrigens sind auch grüne Tomaten eine Delikatesse, wenn Sie sie in einen Sud aus Essig, Zucker, Salz und Pfeffer einlegen. Sie können die grünen Früchte aber auch überbrühen, fein hacken, mit Salz, Pfeffer, Zwiebeln und Olivenöl anmachen und einige Stunden stehen lassen. Damit haben Sie eine herrliche Zugabe zu Fleischgerichten.

Als typisch deutsch gelten die runden, glatten Tomaten, die unter sonnigen Bedingungen im Freiland an Stäben gezogen werden. Sie entwickeln ein angenehm säuerliches Aroma. Werden diese Tomaten in Treibhäusern gezogen, fehlt ihnen oft dieses vollmundige Aroma und sie schmecken wässrig. Neben den bekanntesten Stabtomaten „Planet“, „Matina“, „Frühzauber“, „Estrella“ und „Freude“ gibt es die Sorte „Sonnenschein“, die gelbe Früchte trägt. Gelbe Tomaten gewinnen immer mehr Beachtung. Sie schmecken wesentlich milder und zarter als ihre roten Verwandten.

Fleischtomaten sind ebenfalls sehr beliebt. Sie sind wesentlich dicker als alle anderen Sorten, enthalten weniger Kerne und Saft und besitzen ein mehlig-süßes Fruchtfleisch. Eine einzelne Fleischtomate kann leicht 500 Gramm wiegen. Fleischtomaten kennen wir in den Sorten „Sperlings Rodeo“, „Supermarmande“, „Amfora“, „Master“ und „Vision“.

Buschtomaten, die sich auch für Kübel und Balkonkästen eignen und nicht hochgebunden werden müssen, gibt es in den Sorten „Balkonstar“, „Rentita“, „Kremser Perle“, „Lycoprea“ und „Heinemanns Jubiläum“. Sie werden in der Regel nur etwa 40 cm hoch und bringen trotzdem eine Menge großer Tomaten hervor.

Die kleinsten Tomaten, die es bei uns gibt, sind die Cocktailtomaten, mit denen sich vor allem Salatplatten und andere Gerichte hübsch dekorieren lassen. Hier kennen wir die Sorten „Piccolo“, „Tiny Tim“, „Evita“, „Mirabell“ und „Gartenfreude“.

Für Suppen und Soßen eignen sich am besten die Flaschen- und Eiertomaten. Sie sind länglich und haben eine feste Haut. Ihr intensives Aroma bleibt selbst beim Einkochen und Einmachen erhalten.

Unsere besten Rezepte aus der Tomatenküche

Ländliche Tomatensuppe

Für 4 Personen:

1–2 EL Olivenöl, 1 Zwiebel
500 g Tomaten, 2 EL Tomatenmark, 500 ml Gemüsebrühe
1 EL gerebelter Oregano
1 EL gerebeltes Basilikum
Salz, Pfeffer, Cayennepfeffer
200 g Sellerie
½ Becher saure Sahne
Basilikumblättchen zum Garnieren

1. Das Öl erhitzen und die geschälte, fein gehackte Zwiebel glasig schwitzen. Die Tomaten waschen, den Strunk herausschneiden, die Tomaten klein schneiden, zur Zwiebel geben und mitschwitzen.

2. Tomatenmark einrühren und mit Brühe aufgießen. Das Ganze zum Kochen bringen. Mit Oregano, Basilikum, Salz, Pfeffer und Cayennepfeffer kräftig abschmecken und die Suppe bei mäßiger Hitze 8–10 Minuten köcheln lassen.

3. Nach Ende der Garzeit die Suppe im Mixer oder mit dem Pürierstab pürieren und nochmals erhitzen.

4. Den Sellerie putzen, schälen, waschen, abtropfen lassen, würfeln, in die Suppe geben und bissfest garen.

5. Die Tomatensuppe dekorativ anrichten, mit je einem Klacks saurer Sahne überziehen, mit Basilikumblättchen garnieren und sofort servieren.

Feine Paprika-Tomaten-Suppe

Für 4 Personen:

je 1 rote, grüne und gelbe Paprikaschote, 400 g Tomaten
2 Zwiebeln, 1–2 EL Olivenöl
2 Knoblauchzehen
2 TL Tomatenmark
2 EL Kichererbsenmehl
500 ml Gemüsebrühe
2 EL Paprikapulver
Salz, Pfeffer, Cayennepfeffer
1 Becher saure Sahne
1 Tasse gehackte Petersilie

1. Die Paprikaschoten halbieren, entkernen, waschen und würfeln, die Tomaten enthäuten, entkernen und ebenfalls würfeln. Die Zwiebeln schälen und klein schneiden.

2. Das Öl erhitzen, Paprika- und Zwiebelwürfel kurz dünsten. Knoblauch schälen, fein hacken, zum Gemüse geben und mitschwitzen.

3. Das Tomatenmark einrühren, kurz rösten, das Kichererbsenmehl darüberstäuben, die Brühe angießen und zum Kochen bringen.

4. Mit Paprikapulver, Salz, Pfeffer und Cayennepfeffer würzen und bei mäßiger Hitze 10 Minuten köcheln lassen. Anschließend ein Drittel der Gemüsemischung herausnehmen und warm stellen. Die Tomatenwürfel in die Suppe geben und die Suppe pürieren, erhitzen und erneut abschmecken.

5. Die Paprikasuppe mit der sauren Sahne verfeinern, dekorativ anrichten, mit der Gemüsemischung überziehen, mit der gehackten Petersilie bestreuen und sofort servieren.

Kasseler Gemüse-Tomaten-Topf

Für 4 Personen:

1–2 EL Olivenöl, 1 Zwiebel
4 Karotten, ½ Staudensellerie
200 g Kasseler, 750 ml Tomatenessenz, 1 Lorbeerblatt
Salz, Pfeffer aus der Mühle
je 1 Prise Korianderpulver, Kümmelpulver und Cayennepfeffer
1 Bund Petersilie

1. Das Öl erhitzen und die geschälte, gehackte Zwiebel anschwitzen. Die Karotten schälen, in Stücke schneiden, den Staudensellerie putzen und in Scheiben schneiden.

2. Das Gemüse zu der Zwiebel geben und kurz mitschwitzen. Das Kasseler in Würfel schneiden und ebenfalls kurz mitschwitzen.

3. Die Tomatenessenz angießen, das Lorbeerblatt hinzufügen, mit Salz, Pfeffer, Koriander, Kümmel und Cayennepfeffer abschmecken und den Eintopf bei mäßiger Hitze 12–15 Minuten köcheln lassen.

4. Den Kasseler Gemüsetopf dekorativ anrichten, mit der gehackten Petersilie bestreuen und servieren.

Tomatensuppe mit Kürbisklösschen

Für 4 Personen:

Für die Klößchen:
2–3 EL Butter
1 Zwiebel
1 Stück Ingwerwurzel
500 g Kürbisfruchtfleisch
2 Knoblauchzehen
2 Eier, 100 g Mehl
Salz, Pfeffer aus der Mühle
1 EL Curry
1 Prise Zucker
2–3 EL Grieß
Gemüsebrühe zum Garen

Außerdem:
2 EL Butter
1 Zwiebel
600 g Tomaten
2 EL Tomatenmark
250 ml Gemüsebrühe
1 Becher Crème fraîche
Speisestärke zum Binden
Kräuterzweige zum Garnieren

1. Die Butter in einer Pfanne erhitzen. Die Zwiebel schälen und fein hacken. Die Ingwerwurzel schälen, grob raspeln. Mit der Zwiebel ins Fett geben und glasig schwitzen.

2. Das Kürbisfruchtfleisch unter fließendem Wasser waschen, gut abtropfen lassen, grob raspeln, mit den geschälten, fein gehackten Knoblauchzehen zu der Zwiebel geben und kurz dünsten.

3. Die Kürbismasse durch die feine Scheibe des Fleischwolfes drehen oder im Mixer pürieren. Anschließend in eine Schüssel geben.

4. Die Eier und das Mehl hinzufügen und alles zu einer glatten Masse verarbeiten. Mit Salz, Pfeffer, Curry und Zucker abrunden. Zum Schluss den Grieß einrühren und kurz quellen lassen.

5. Die Brühe in einem Topf erhitzen. Mit zwei Esslöffeln Klößchen aus der Masse formen und diese in der Gemüsebrühe garen.

6. Die Butter erhitzen und die geschälte, fein gehackte Zwiebel darin anschwitzen. Die Tomaten waschen, den Strunk herausschneiden. Die Tomaten würfeln, zu der Zwiebel geben und mitschwitzen.

7. Das Tomatenmark einrühren, die Brühe angießen, das Ganze kräftig aufkochen lassen und pürieren. Die Suppe durch ein Sieb streichen, die Crème fraîche einrühren und einmal aufkochen lassen. Mit angerührter Speisestärke leicht binden.

8. Die Suppe mit Salz und Pfeffer abrunden, anrichten, die Klößchen einsetzen, mit Kräuterzweigen garnieren und sofort servieren.

Tomatensuppe mit Mango

Für 4 Personen:

600 g Tomaten
2 Zwiebeln
2–3 Knoblauchzehen
1 rote Chilischote
2–3 EL Butter
2 Mangos
2–3 EL Tomatenmark
500 ml Tomatensaft
1 Zucchini
Salz, Pfeffer aus der Mühle
1 Prise Zucker
Kräuterzweige zum Garnieren

1. Die Tomaten enthäuten, entkernen und in Würfel schneiden.

2. Die Zwiebeln und die Knoblauchzehen schälen, fein würfeln. Die Chilischote halbieren, entkernen, waschen und in Würfel schneiden.

3. Die Butter in einem Topf erhitzen. Zwiebeln, Knoblauch und Chili dazugeben und glasig schwitzen.

4. Die Mangos dünn schälen, das Fruchtfleisch vom Kern lösen und in Würfel schneiden. Mit den Tomaten zu den Knoblauchzwiebeln geben und kurz dünsten.

5. Das Tomatenmark einrühren, den Tomatensaft angießen und das Ganze zum Kochen bringen.

6. Die Zucchini putzen, waschen, halbieren, in feine Scheiben schneiden und in die Suppe geben. Bei mäßiger Hitze 8–10 Minuten köcheln lassen.

7. Die Tomatensuppe mit Salz, Pfeffer und Zucker abschmecken, dekorativ anrichten, mit Kräuterzweigen garnieren und sofort servieren.

Tomatensuppe mit Reisbällchen

Für 4 Personen:

Für die Reisbällchen:
200 g gekochter Reis
50 g Magerquark
2 Eigelb
1 geh. EL Semmelbrösel
1 EL gehackte Sonnenblumenkerne
2 EL gehackte Petersilie
Salz, Pfeffer aus der Mühle
1 Prise Muskat
Gemüse- oder Fleischbrühe zum Garen

Für die Tomatensuppe:
2 Zwiebeln
2 Knoblauchzehen
1 EL Olivenöl
50 g Tomatenmark
600 g Tomaten
250 ml Gemüse- oder Fleischbrühe
250 ml Tomatensaft
2 Zweige Basilikum
1 EL Zucker
1 EL Speisestärke zum Binden

Außerdem:
150 g Crème fraîche
3 EL Milch
Petersilie zum Garnieren

1. Den Reis mit dem Magerquark, den Eigelben, den Semmelbröseln, den Sonnenblumenkernen und der gehackten Petersilie in einer Schüssel zu einer glatten Masse verrühren. Mit Salz, Pfeffer und Muskat kräftig würzen.

2. Die Brühe in einem Topf zum Kochen bringen. Die Reismasse zu Bällchen drehen und in der Brühe in ca. 16 Minuten gar ziehen lassen.

3. Für die Tomatensuppe die Zwiebeln und den Knoblauch schälen und würfeln. Das Olivenöl in einem Topf erhitzen, Zwiebeln und Knoblauch darin glasig schwitzen.

4. Das Tomatenmark einrühren. Die Tomaten waschen, den Strunk herausschneiden, die Tomaten würfeln, zu den Knoblauchzwiebeln geben und kurz mitschwitzen.

5. Die Brühe und den Tomatensaft angießen und die Suppe bei mäßiger Hitze ca. 12 Minuten köcheln lassen.

6. Das Basilikum verlesen, waschen, klein schneiden, mit dem Zucker in die Suppe geben und einmal kräftig aufkochen lassen.

7. Die Suppe durch ein feines Sieb streichen, erneut erhitzen und mit der angerührten Speisestärke leicht binden.

8. Die Tomatensuppe mit Salz, Pfeffer und Muskat abschmecken, mit den gut abgetropften Reisbällchen anrichten.

9. Die Crème fraîche mit der Milch verrühren und auf die Suppe träufeln. Mit Petersilie garnieren und sofort servieren.

Spaghetti mit Tomatensosse

Für 4 Personen:

400 g Spaghetti, Salzwasser
einige Tropfen Olivenöl

Für die Soße:
1–2 EL Butter, 1 Zwiebel
2–3 EL Tomatenmark
2–3 EL Mehl
500 g passierte Tomaten
Salz, Pfeffer aus der Mühle
einige Tropfen Zitronensaft

Außerdem:
Butter zum Schwenken
Kräuterzweige zum Garnieren

1. Die Spaghetti im Salzwasser mit dem Olivenöl bissfest garen, abgießen, abschrecken, gut abtropfen lassen und bereitstellen.

2. Für die Soße die Butter in einem Topf erhitzen und die geschälte, fein gehackte Zwiebel darin glasig schwitzen.

3. Das Tomatenmark einrühren, mit Mehl bestäuben, kurz rösten und mit den passierten Tomaten aufgießen.

4. Die Soße bei mäßiger Hitze 8–10 Minuten köcheln lassen, mit Salz und Pfeffer würzen und mit Zitronensaft verfeinern.

5. Die Butter in einer Pfanne erhitzen und die Spaghetti darin kurz durchschwenken. Mit der Tomatensoße anrichten, mit Kräuterzweigen garnieren und sofort servieren.

Maccheroni mit Tomaten-Wurst-Sosse

Für 4 Personen:

300 g Maccheroni, Salzwasser
einige Tropfen Olivenöl
2 rote Zwiebeln
2–3 Knoblauchzehen
100 g durchwachsener, geräucherter Speck, 2 EL Butterschmalz
200 ml Rotwein
1 Dose Pizzatomaten (400 g)
200 g Kabanossi
Salz, Pfeffer aus der Mühle
1 Prise Chilipfeffer
1 TL Oregano, 1 TL Basilikum
50 g geriebener Parmesankäse
100 g schwarze, entsteinte Oliven
100 g roher, geräucherter Schinken
Basilikum, Oregano und Thymian zum Garnieren

1. Die Maccheroni im Salzwasser mit dem Olivenöl bissfest garen, abgießen, abschrecken und gut abtropfen lassen.

2. Die Zwiebeln und die Knoblauchzehen schälen und fein würfeln. Den Speck in Würfel schneiden.

3. Das Butterschmalz in einer Pfanne erhitzen und den Speck darin auslassen.

4. Die Zwiebeln und den Knoblauch dazugeben und mitschwitzen.

5. Den Rotwein angießen, die Pizzatomaten dazugeben und das Ganze bei mäßiger Hitze 4–5 Minuten köcheln lassen.

6. Die Kabanossi in feine Würfel schneiden, in die Tomatensoße geben und diese weitere 2–3 Minuten köcheln lassen. Mit Salz, Pfeffer, Chilipfeffer, Oregano und Basilikum würzen.

7. Den geriebenen Parmesankäse mit den Oliven untermischen und kurz durchschwenken. Die Maccheroni dazugeben, erhitzen und nochmals abschmecken.

8. Die Maccheroni in der Tomaten-Wurstsoße auf heißen Tellern anrichten. Die rohen Schinkenscheiben zu Rosetten formen und auf die Maccheroni legen. Mit Basilikum, Oregano und Thymian garnieren und sofort servieren.

Gefüllte Tomaten mit Crevetten

Für 4 Personen:

8 Tomaten
Salz, Pfeffer aus der Mühle
½ kleiner Kopf Eisbergsalat
50 g bissfest gegarte grüne Erbsen, 3 Scheiben Ananas
150 g Krabben oder Crevetten
Saft von 1 Zitrone

Für den Cocktaildip:
100 g Sahnedickmilch
50 ml süße Sahne, 1–2 EL Honig
75 ml Tomatenketchup
3 cl Weinbrand, 1 TL Curry
2 EL Weinessig

1. Die Tomaten waschen, eine Haube abschneiden, mit einem Teelöffel das Kerngehäuse herauslösen. Die Tomaten salzen und pfeffern.

2. Den Eisbergsalat verlesen, waschen, gut abtropfen lassen und in feine Streifen schneiden. Die Tomaten zur Hälfte damit füllen.

3. Die Erbsen mit den in feine Würfel geschnittenen Ananasscheiben und den Krabben oder Crevetten vermischen, mit Zitronensaft, Salz und Pfeffer würzen und in die Tomaten füllen.

4. Die Sahnedickmilch mit der Sahne, dem Honig, dem Tomatenketchup und dem Weinbrand in einer Schüssel glatt rühren. Den Curry und den Weinessig unterziehen, mit Salz und Pfeffer kräftig abschmecken.

5. Die gefüllten Tomaten dekorativ anrichten, mit dem Cocktaildip überziehen, mit Kräuterzweigen garnieren und sofort servieren.

Mozzarella-Tomaten-Brote

Für 4 Personen:

2 Tomaten
2 Kugeln Mozzarella (250 g)
4 Scheiben Bauernbrot
Salz, Pfeffer aus der Mühle
Basilikum zum Garnieren

1. Die Tomaten waschen, den Strunk entfernen, die Tomaten in Scheiben schneiden.

2. Den Mozzarella abgießen, trocken tupfen und in Scheiben schneiden.

3. Tomaten- und Mozzarellascheiben abwechselnd auf die Brotscheiben legen, mit Salz und Pfeffer würzen, mit dem verlesenen Basilikum garnieren und sofort servieren.

(Abbildung Seite 4)

Lachs-Tomaten-Brote

Für 4 Personen:

4 Scheiben Bauernbrot
Butter zum Bestreichen
2 Tomaten
250 g geräucherter Lachs in Scheiben
Salz, Pfeffer aus der Mühle
1 kleines Glas Sahnemeerrettich
Dillzweige zum Garnieren

1. Das Bauernbrot auf eine Arbeitsfläche legen und mit der Butter bestreichen.

2. Die Tomaten waschen, den Strunk entfernen, die Tomaten in Scheiben schneiden.

3. Die Tomaten- und Räucherlachsscheiben abwechselnd auf die Brotscheiben legen, mit Salz und Pfeffer würzen und den Sahnemeerrettich darauf verteilen.

4. Die Brote mit den Dillzweigen garnieren und sofort servieren.

(ohne Abbildung)

Scharfer Tomatensalat mit Zucchini

Für 4 Personen:

500 g feste Tomaten
2 Zucchini
2 Knoblauchzehen
1 kleine rote Chilischote
2 Schalotten
Saft von 2 Limetten
100 ml Apfelessig
100 ml Olivenöl
Salz, Pfeffer aus der Mühle
1 Prise Zucker
1 Bund Koriandergrün

1. Die Tomaten enthäuten, entkernen, in grobe Stücke schneiden und in eine Schüssel geben.

2. Die Zucchini putzen, waschen, in Scheiben schneiden, mit den geschälten, in feine Scheiben geschnittenen Knoblauchzehen zu den Tomaten geben.

3. Die Chilischote halbieren, entkernen, waschen fein hacken, mit den geschälten, gehackten Schalotten unter das Gemüse heben.

4. Den Limettensaft mit dem Apfelessig und dem Olivenöl anrühren, mit Salz, Pfeffer und Zucker abschmecken und den Salat damit anmachen. Im Kühlschrank 10–15 Minuten ziehen lassen.

5. Anschließend den scharfen Tomatensalat nochmals nachschmecken, dekorativ anrichten, mit gehacktem Koriandergrün bestreuen, garnieren und sofort servieren.

Italienischer Sommersalat

Für 4 Personen:

1 kleiner Kopf Friséesalat
3 Tomaten, 2 rote Zwiebeln
1 kleine Zucchini
250 g gekochte Kartoffeln
je 1 kleines Glas gefüllte Paprika-Oliven und schwarze Oliven
100 g bissfest gegarte, grüne Bohnen
100 ml Gemüsebrühe
1 Zwiebel
75 ml weißer Balsamicoessig
3 EL mittelscharfer Senf
Salz, Pfeffer aus der Mühle
1 Prise Cayennepfeffer
1 Prise Zucker
100 ml Olivenöl
1 Kästchen Kresse

1. Den Friséesalat verlesen, waschen, gut abtropfen lassen, in mundgerechte Stücke zerpflücken oder klein schneiden.

2. Die Tomaten enthäuten und in Würfel schneiden. Die Zwiebeln schälen, halbieren und in Scheiben schneiden. Die Zucchini putzen, waschen, halbieren und ebenfalls in Scheiben schneiden.

3. Die Kartoffeln pellen und in Würfel oder Scheiben schneiden. Die Paprika-Oliven halbieren, die schwarzen Oliven gut abtropfen lassen. Die Zutaten mit den grünen Bohnen in einer Schüssel vorsichtig vermischen.

4. Für das Dressing die Gemüsebrühe mit der geschälten, gehackten Zwiebel im Mixer oder mit dem Pürierstab pürieren.

5. Den Balsamicoessig und den Senf einrühren und das Ganze mit Salz, Pfeffer, Cayennepfeffer und Zucker abschmecken.

6. Das Olivenöl tropfenweise in das Dressing rühren und den Salat damit anmachen, kurz ziehen lassen.

7. Den Salat dekorativ anrichten, mit der verlesenen, gewaschenen Kresse bestreuen, garnieren und sofort servieren.

Limetten-Couscous-Salat

Für 4 Personen:

400 g Couscous (grober Weizengrieß)
400 ml Gemüsebrühe
1 Salatgurke
4 Tomaten
2 Zwiebeln
100 ml Limettensaft
2–3 EL Honig
Salz, Pfeffer aus der Mühle
1 Prise Cayennepfeffer
100 ml Olivenöl
Salatblätter, Kräuterzweige und Limettenscheiben zum Garnieren
gehackte Kräuter zum Bestreuen

1. Den Couscous waschen, gut abtropfen lassen und in ein sauberes Küchentuch geben.

2. Die Brühe in einen Topf schütten, ein Sieb darauflegen und das Küchentuch mit dem Couscous hineingeben. Das Tuch darf die Gemüsebrühe nicht berühren.

3. Anschließend die Brühe zum Kochen bringen, den Topf verschließen und den Couscous bei mäßiger Hitze in 40–45 Minuten dämpfen.

4. Inzwischen die Salatgurke waschen, halbieren, mit einem Teelöffel die Kerne herausschaben und das Fruchtfleisch in Würfel oder Scheiben schneiden.

5. Die Tomaten enthäuten, entkernen und würfeln, die Zwiebeln schälen und in feine Würfel schneiden.

6. Den Limettensaft mit dem Honig verrühren, mit Salz, Pfeffer und Cayennepfeffer kräftig würzen und das Olivenöl einrühren.

7. Den erkalteten Couscous mit den Gurken, den Tomaten und den Zwiebeln vermischen und mit dem Dressing anmachen.

8. Den Limetten-Couscous-Salat auf den Salatblättern dekorativ anrichten, mit Kräuterzweigen und Limettenscheiben garnieren, mit gehackten Kräutern bestreuen und sofort servieren.

Kasseler mit Tomatenvinaigrette

Für 4 Personen:

800 g rohes Kasseler ohne Knochen
500 ml Gemüse- oder Fleischbrühe
2 Lorbeerblätter
einige Nelken
einige Wacholderbeeren
einige Pfefferkörner

Für die Vinaigrette:
1 Zwiebel
3–4 Tomaten
1 Bund Petersilie
75 ml Weißweinessig
Salz, Pfeffer aus der Mühle
1 Prise Muskat
1 Prise Cayennepfeffer
1 Prise Zucker
1 EL Dijonsenf
75 ml Olivenöl
Salatblätter zum Garnieren
4 Portionen Bratkartoffeln

1. Das Kasseler unter fließendem Wasser waschen und trocken tupfen.

2. Die Gemüse- oder Fleischbrühe mit den Lorbeerblättern, den Nelken, den Wacholderbeeren und den Pfefferkörnern in einen Topf geben und zum Kochen bringen.

3. Das Kasseler in den Sud legen und bei mäßiger Hitze 35–40 Minuten gar ziehen lassen.

4. Für die Vinaigrette die Zwiebel schälen, sehr fein hacken, mit den enthäuteten, entkernten, in Würfel geschnittenen Tomaten in eine Schüssel geben.

5. Die Petersilie verlesen, waschen, fein hacken und zu den Tomaten geben.

6. 100 ml Kasselerbrühe abseihen, leicht abkühlen lassen und über die Tomatenzwiebeln gießen.

7. Anschließend den Weißweinessig einrühren, mit Salz, Pfeffer, Muskat, Cayennepfeffer und Zucker kräftig abschmecken. Den Dijonsenf untermischen und das Olivenöl tropfenweise einrühren.

8. Das Kasseler aus dem Sud nehmen, in dünne Scheiben schneiden, dekorativ anrichten und mit der Tomatenvinaigrette überziehen.

9. Mit Salatblättern garnieren und mit je einer Portion Bratkartoffeln sofort servieren.

75 cl

Schafskäse-Tomaten-Pfännchen

Für 4 Personen:

4–6 große Fleischtomaten
400 g Schafskäse
Salz, Pfeffer aus der Mühle
100 ml Olivenöl
2–3 Knoblauchzehen
1 EL geriebene Zitronenschale
50 g gemischte, frische Kräuter (Estragon, Rosmarin, Basilikum)
Aluschälchen oder Alufolie
Kräuterzweige zum Garnieren

1. Die Fleischtomaten unter fließendem Wasser waschen, den Strunk herausschneiden und die Tomaten in Scheiben schneiden.

2. Den Schafskäse in Scheiben schneiden. Tomaten und Schafskäse mit Salz und Pfeffer würzen.

3. Das Olivenöl mit den geschälten, fein gehackten Knoblauchzehen, der Zitronenschale und den verlesenen, gewaschenen und fein gehackten Kräutern vermischen.

4. Die Aluschälchen mit dem Kräuteröl bestreichen, die Tomaten- und Käsescheiben schichtweise einfüllen, mit dem restlichen Kräuteröl bestreichen und auf dem Grill oder im Backofengrill garen.

5. Die Schafskäse-Tomaten-Pfännchen dekorativ anrichten, mit Kräuterzweigen garnieren und sofort servieren.

Tomatenbutter

Für 4 Personen:

250 g Butter
50 g getrocknete, eingelegte Tomaten
1 EL Tomatenmark
2–3 Zweige Basilikum
Salz, Pfeffer aus der Mühle
1 Prise Cayennepfeffer

Außerdem:
1 Bund Schnittlauch
Tomatenscheiben, gefüllte Oliven und Basilikum zum Garnieren

1. Die Butter in eine Schüssel geben und schaumig schlagen.

2. Die eingelegten Tomaten gut abtropfen lassen, in feine Würfel schneiden, mit dem Tomatenmark, dem verlesenen Basilikum und der Hälfte der Butter im Mixer oder mit dem Pürierstab pürieren.

3. Anschließend kräftig unter die restliche Butter schlagen. Die Tomatenbutter mit Salz, Pfeffer und Cayennepfeffer abschmecken.

4. Frischhaltefolie auf eine Arbeitsfläche legen, die Tomatenbutter daraufgeben, einwickeln und zu einer Rolle formen. Im Kühlschrank mindestens zwei Stunden kalt stellen.

5. Den Schnittlauch verlesen, waschen, gut abtropfen lassen, fein schneiden und auf einen Teller geben. Die Tomatenbutter aus dem Kühlschrank nehmen, die Folie entfernen und die Tomatenbutter im Schnittlauch wälzen.

6. Die Tomatenbutter in Scheiben schneiden, auf Tomatenscheiben dekorativ anrichten, mit gefüllten Oliven und Basilikum garnieren und sofort servieren.

Tomaten-Käse-Muffins

Für 4 Personen:

Für den Teig:
300 g Weichweizengrieß
750 ml Milch, 3 Eier
2 TL Zucker, 50 g flüssige Butter
40 g Mehl, 2 gestr. TL Backpulver
2 Tomaten, 100 g geriebener Käse
Salz, Pfeffer aus der Mühle
1 Prise Paprikapulver edelsüß

Außerdem:
Fett für das Blech
Cocktailtomaten und Basilikumblättchen zum Garnieren

1. Den Grieß in eine Schüssel geben, mit der kochenden Milch übergießen und das Ganze 15 Minuten ausquellen lassen.

2. Die Eier mit dem Zucker schaumig schlagen und in den Grieß einrühren. Die flüssige Butter ebenfalls einrühren.

3. Das gesiebte Mehl mit dem Backpulver vermischen und unter die Grießmischung heben.

4. Die Tomaten enthäuten, entkernen, in kleine Würfel schneiden und unter den Teig ziehen.

5. Den geriebenen Käse unter den Teig heben und das Ganze mit Salz, Pfeffer und Paprika kräftig würzen.

6. Den Teig in die ausgefetteten Mulden eines Muffin-Blechs füllen und im auf 180 °C vorgeheizten Backofen 20–25 Minuten backen.

7. Die fertig gebackenen Muffins aus dem Ofen nehmen, leicht erkalten lassen und aus den Förmchen stürzen. Dekorativ anrichten, mit halbierten Cocktailtomaten und Basilikumblättchen garnieren und sofort servieren.

Roastbeefsandwich

Für 4 Personen:

8 Scheiben Toast- oder Weißbrot
Butter zum Bestreichen
einige Radicchioblätter
250 g rosa gebratenes Roastbeef
8–10 Cocktailtomaten
4–5 EL Remouladensoße
2–3 EL Sahnemeerrettich
1 Kästchen Kresse

1. Das Toastbrot mit Butter bestreichen und die Hälfte der Scheiben mit Radicchioblättern belegen.

2. Das in Scheiben geschnittene Roastbeef mit den in Scheiben geschnittenen Cocktailtomaten auf die Salatblätter legen.

3. Die Remouladensoße mit dem Sahnemeerrettich verrühren und die Roastbeefscheiben damit bestreichen. Die Kresse verlesen, waschen, grob schneiden und über die Tomaten und die Soße streuen.

4. Erneut ein Radicchioblatt darauflegen und mit den restlichen Brotscheiben abdecken. Diagonal halbieren, die Ecken aufeinanderlegen, dekorativ anrichten, garnieren und sofort servieren.
(ohne Abbildung)

Tomatenfladen

Für 4 Personen:

Für den Teig:
300 g Mehl, 1 Msp. Backpulver
2 Eier, 1 EL Olivenöl, 1 TL Salz
3–4 EL lauwarmes Wasser
Mehl zum Ausrollen
Fett für die Form

Für den Belag:
600 g Tomaten
1 Bund Schnittlauch
½ Bund Basilikum
2–3 Zweige frischer Thymian
200 g Crème fraîche
100 ml süße Sahne
50 g geriebener Parmesankäse
Salz, Pfeffer aus der Mühle
150 g geriebener Bel-Paese-Käse
Kräuterzweige zum Garnieren

1. Mehl mit Backpulver vermischen und auf eine Arbeitsfläche sieben. Eine Mulde eindrücken. Eier, Öl, Salz und lauwarmes Wasser daraufgeben und das Ganze mit bemehlten Händen von außen nach innen zu einem glatten Teig verkneten.

2. Den Teig zugedeckt ½ Stunde ruhen lassen, anschließend nochmals kräftig durchkneten, in vier Teile teilen und jedes Teil in der Größe einer Pizzaform ausrollen.

3. Den Teig in die gefetteten Pizzaformen legen und einen leichten Rand hochziehen. Die Tomaten enthäuten, den Strunk herausschneiden, die Tomaten in Scheiben schneiden und auf den Teig legen.

4. Die Kräuter verlesen, waschen, fein hacken bzw. schneiden und gleichmäßig über die Tomaten streuen.

5. Die Crème fraîche mit der Sahne und dem geriebenen Parmesankäse verrühren, mit Salz und Pfeffer kräftig würzen und auf die Tomaten geben.

6. Mit dem geriebenen Bel-Paese-Käse bestreuen und das Ganze im auf 180–200 °C vorgeheizten Backofen 20–25 Minuten backen.

7. Die Tomatenfladen herausnehmen, dekorativ anrichten, mit Kräuterzweigen garnieren und sofort servieren.

KIRSCHTOMATENTARTE

FÜR 4 PERSONEN:

1 Packung Blätterteig (TK-Produkt)
500 g Kirschtomaten

Für den Guss:
1–2 Zwiebeln
2–3 EL Olivenöl
300 g Crème fraîche
4 Eier
200 g geriebener Butterkäse
je ½ Bund Rucola und Basilikum
Salz, Pfeffer aus der Mühle
1 Prise Muskat
1 Prise Cayennepfeffer

Außerdem:
40 g geröstete Sonnenblumenkerne
Kräuterzweige zum Garnieren

1. Die Blätterteigscheiben auftauen lassen, auf eine Arbeitsfläche legen, je zwei an den Rändern übereinanderlegen und in der Größe einer Pie- oder Tarteform leicht ausrollen.

2. Die Form mit etwas kaltem Wasser benetzen, den Teig einlegen und einen kleinen Rand hochziehen.

3. Die Kirschtomaten waschen, den Strunk herausschneiden, die Tomaten halbieren und gleichmäßig auf dem Teig verteilen.

4. Die Zwiebeln schälen und fein würfeln. Das Öl erhitzen, die Zwiebeln darin glasig schwitzen und auf den Tomaten verteilen.

5. Die Crème fraiche mit den Eiern und dem geriebenen Butterkäse in eine Schüssel geben und verrühren. Die verlesenen, gewaschenen und fein geschnittenen Kräuter unterrühren.

6. Das Ganze mit Salz, Pfeffer, Muskat und Cayennepfeffer kräftig abschmecken.

7. Den Guss gleichmäßig auf den Tomaten verteilen und die Tarte im auf 180 °C vorgeheizten Backofen 30–35 Minuten backen.

8. Die gebackene Kirschtomatentarte aus dem Ofen nehmen, dekorativ anrichten, mit gerösteten Sonnenblumenkernen bestreuen, mit Kräuterzweigen garnieren und sofort servieren.

Focaccia mit Tomaten

Für 4 Personen:

Für den Teig:
½ Würfel Frischhefe
100 ml lauwarmes Wasser
1 TL Zucker, 300 g Mehl
½ TL Salz, 2–3 EL Olivenöl

Für den Belag:
1 rote Zwiebel
2–3 Knoblauchzehen
2–3 EL Olivenöl, 5 Tomaten
80 g entsteinte, grüne Oliven
Salz, Pfeffer aus der Mühle
30 g Rucola
30 g geriebener Parmesankäse
Kräuterzweige zum Garnieren

1. Die Frischhefe mit dem lauwarmen Wasser in eine Schüssel geben, den Zucker einrühren und die Hefe an einem warmen Ort 10–15 Minuten gehen lassen.

2. Das gesiebte Mehl mit dem Salz und dem Olivenöl zum Hefeansatz geben und das Ganze zu einem glatten, kompakten Teig verarbeiten.

3. Den Teig mit dem Kochlöffel so lange schlagen, bis er Blasen wirft. Anschließend an einem warmen Ort zugedeckt 30 Minuten gehen lassen.

4. Den Teig erneut durcharbeiten und weitere 30 Minuten gehen lassen. Danach auf einer bemehlten Arbeitsfläche kneten, in vier Portionen teilen und zu länglichen Fladen formen.

5. Die Fladen auf ein bemehltes Backblech legen und in der Mitte eine Mulde eindrücken.

6. Für den Belag die Zwiebel und die Knoblauchzehen schälen und in Scheiben schneiden.

7. Das Olivenöl in einer Pfanne erhitzen, den Knoblauch und die Zwiebel darin glasig schwitzen.

8. Die Tomaten enthäuten, entkernen und in Stücke schneiden, mit den halbierten Oliven zu den Knoblauchzwiebeln geben und kurz dünsten. Mit Salz und Pfeffer kräftig abschmecken.

9. Die Teigfladen in dem auf 180–200 °C vorgeheizten Backofen 30 Minuten backen.

10. 10 Minuten vor Garende die Füllung gleichmäßig auf den Fladen verteilen und diese fertig backen.

11. Die Focaccia mit Tomaten aus dem Ofen nehmen, dekorativ anrichten, mit dem verlesenen, gewaschenen und fein geschnittenen Rucola und dem Parmesankäse bestreuen, mit Kräuterzweigen garnieren und sofort servieren.

Salbei-Tomaten-Kuchen

Für 4 Personen:

Für den Teig:
500 g Mehl
1 Päckchen Trockenhefe
250 ml lauwarme Milch
1 EL Zucker
1 Prise Salz
Olivenöl für die Formen

Für den Belag:
2–3 EL Olivenöl
200 g Zwiebeln
2–3 Knoblauchzehen
1 Glas entsteinte, schwarze Oliven
1 Glas Sardellenfilets
1 kg Tomaten
Salz, Pfeffer aus der Mühle
1 EL Rosmarin
1 EL Thymian
250 g geriebener Fontinakäse
50 g zerlassene Butter
1 Bund Salbei
75 g geriebener Parmesankäse
Kräuterzweige zum Garnieren

1. Das gesiebte Mehl mit der Trockenhefe, der Milch, dem Zucker und dem Salz in einer Schüssel zu einem glatten Teig verarbeiten.

2. Den Teig mit dem Kochlöffel so lange schlagen, bis er Blasen wirft. Anschließend zugedeckt an einem warmen Ort zur doppelten Menge aufgehen lassen.

3. Den Teig auf einer bemehlten Arbeitsfläche nochmals durchkneten. vier bzw. acht gleich große Kugeln formen, zwei große oder vier kleine Pizzaformen mit Olivenöl ausfetten.

4. Die Teigkugeln in der Größe der Pizzaformen ausrollen. Jeweils die Hälfte der Teigplatten in die Formen legen.

5. Für die Füllung das Olivenöl in einer Pfanne erhitzen. Die Zwiebeln und die Knoblauchzehen schälen, würfeln, ins Fett geben und glasig schwitzen. Die Oliven klein schneiden, die Sardellenfilets unter fließendem Wasser waschen, trocken tupfen, würfeln und beides unter die Knoblauchzwiebeln rühren.

6. Die Tomaten enthäuten, entkernen und grob würfeln, zu den Knoblauchzwiebeln geben und durchschwenken. Mit Salz, Pfeffer, Rosmarin und Thymian würzen, vom Herd nehmen und erkalten lassen.

7. Die Tomatenmasse gleichmäßig auf dem Teig verteilen. Mit dem geriebenen Fontinakäse bestreuen, jeweils die zweite Teigplatte darauflegen und die Ränder andrücken.

8. Die Tomatenkuchen in dem auf 180–200 °C vorgeheizten Backofen 40–50 Minuten backen.

9. 10 Minuten vor Garende die Tomatenkuchen mit zerlassener Butter bestreichen, die Salbeiblätter darauflegen, mit Parmesankäse bestreuen und fertig backen.

10. Die Tomatenkuchen aus dem Ofen nehmen, dekorativ anrichten, garnieren und sofort servieren.

Kresse-Tomaten-Happen

Für 4 Personen:

4 Tomaten
1 Kästchen Kresse
1 Zwiebel
2–3 EL Butter
8 Eier
1 Schuss Mineralwasser
Salz, Pfeffer aus der Mühle
4 Scheiben Bauernbrot

1. Die Tomaten waschen, den Strunk herausschneiden und die Tomaten in Scheiben schneiden.

2. Die Kresse verlesen, waschen und grob hacken, die Zwiebel schälen und fein würfeln. Die Butter in einer Pfanne erhitzen und die Zwiebel darin glasig schwitzen.

3. Die Eier mit dem Mineralwasser in eine Schüssel geben und verschlagen. Mit Salz und Pfeffer würzen und die Kresse untermischen.

4. Die Eier in einer Pfanne möglichst fettfrei unter ständigem Rühren stocken lassen. Die Tomatenscheiben auf das Bauernbrot legen und darüber das Rührei verteilen. Die Tomaten-Kresse-Happen dekorativ anrichten, garnieren und sofort servieren.
(ohne Abbildung)

Tomaten in Basilikum-Sahnesosse

Für 4 Personen:

2–3 EL Butter, 200 g Schalotten
4 Knoblauchzehen
1 rote Chilischote
200 ml Gemüsebrühe
100 ml Weißwein
200 ml süße Sahne
1 Bund Basilikum
Salz, Pfeffer aus der Mühle
1 Prise Cayennepfeffer
1 Prise Muskat
12 mittelgroße Tomaten
200 g geriebener Pecorinokäse
Kräuterzweige zum Garnieren

1. Die Butter in einer Pfanne erhitzen. Die Schalotten und die Knoblauchzehen schälen, fein würfeln, ins Fett geben und glasig schwitzen.

2. Die Chilischote putzen, halbieren, entkernen, waschen, fein würfeln, zu den Knoblauchschalotten geben und kurz mitschwitzen.

3. Die Gemüsebrühe, den Weißwein und die Sahne angießen und alles einmal aufkochen lassen.

4. Das verlesene, gewaschene und fein geschnittene Basilikum zur Rahmsoße geben, mit Salz, Pfeffer, Cayennepfeffer und Muskat würzen.

5. Die Tomaten waschen und den Strunk herausschneiden. Die Tomaten in eine Auflaufform setzen, mit der Soße übergießen, mit dem Pecorinokäse bestreuen und im auf 180–200 °C vorgeheizten Backofen 10–15 Minuten überbacken.

6. Die Tomaten in Basilikum-Sahnesoße herausnehmen, dekorativ anrichten, mit Kräuterzweigen garnieren und sofort servieren.

Tomaten-Hackfleisch-Auflauf

Für 4 Personen:

600 g gemischtes Hackfleisch
1–2 EL Butter
1 Zwiebel
2 Knoblauchzehen
200 g gekochter Reis
2 Eier
Salz, Pfeffer aus der Mühle
1 Prise Cayennepfeffer
1 EL Kräuter der Provence
je 2 Zweige Rosmarin und Estragon
Semmelbrösel zum Binden
75 g geriebener Parmesankäse
Butter für die Form
500 g Tomaten
500 g Zucchini
125 g geriebener Mozzarellakäse
Kräuterzweige zum Garnieren

1. Das Hackfleisch in eine Schüssel geben. Die Butter in einer Pfanne erhitzen, die Zwiebel und die Knoblauchzehen schälen, fein würfeln, ins Fett geben und glasig schwitzen.

2. Die Knoblauchzwiebeln vom Herd nehmen, mit dem Reis und den Eiern zum Fleisch geben und alles zu einer Masse verarbeiten.

3. Die Hackfleischmasse mit Salz, Pfeffer, Cayennepfeffer und Kräutern der Provence würzen.

4. Die Kräuter verlesen, waschen, klein schneiden und unter den Fleischteig arbeiten. Mit Semmelbröseln leicht binden und zum Schluss den Parmesankäse untermischen.

5. Eine Auflaufform mit Butter ausfetten. Die Tomaten waschen, den Strunk herausschneiden, die Tomaten in Scheiben schneiden. Die Zucchini putzen, waschen und in Scheiben schneiden.

6. Die Hälfte der Tomaten- und Zucchinischeiben in die Auflaufform schichten, das Hackfleisch gleichmäßig darauf verteilen, mit den restlichen Gemüsescheiben abdecken und diese mit geriebenem Mozzarella bestreuen.

7. Den Tomaten-Hackfleisch-Auflauf im auf 180–200 °C vorgeheizten Backofen 30–40 Minuten garen. Nach Ende der Garzeit den Auflauf herausnehmen, dekorativ anrichten, mit Kräuterzweigen garnieren und sofort servieren.

Tomaten-Schafskäse-Mousse

Für 4 Personen:

Für die Schafskäsemasse:
250 g Schafskäse, 250 g Sahnequark, Saft von 1 Zitrone
100 ml Weißwein
5 Blatt weiße Gelatine
Salz, Pfeffer aus der Mühle
1 Prise Cayennepfeffer
100 ml süße Sahne

Für die Tomatenmasse:
1–2 EL Butter, 1 Zwiebel
2 Knoblauchzehen, 1 rote Chilischote, 600 g Pizzatomaten
2 EL Tomatenmark
50 ml Aceto balsamico, 1 EL Zucker, 5–6 Blatt weiße Gelatine
½ Bund Basilikum
100 ml süße Sahne
Tomatenecken, Salatblätter und Basilikum zum Garnieren
einige Tropfen Aceto balsamico und Olivenöl zum Beträufeln

1. Den Schafskäse würfeln, mit dem Quark und dem Zitronensaft in einer Schüssel glatt rühren. Den Weißwein erwärmen, die gut gewässerte, ausgedrückte Gelatine darin auflösen und unter die Schafskäsemasse ziehen. Mit Salz, Pfeffer und Cayennepfeffer würzen. Die Sahne steif schlagen und unter die Masse heben. In dekorative Muffinförmchen füllen und glatt streichen.

2. Die Butter erhitzen. Zwiebel und Knoblauch schälen, würfeln, ins Fett geben und glasig schwitzen. Die Chilischote halbieren, entkernen, fein würfeln, zu den Knoblauchzwiebeln geben und mitschwitzen.

3. Die Pizzatomaten, das Tomatenmark, den Aceto balsamico und den Zucker dazugeben, zum Kochen bringen und auf 500 ml einreduzieren lassen.

4. Die gewässerte Gelatine dazugeben und in der Tomatensoße vollständig auflösen, vom Herd nehmen und erkalten lassen.

5. Das Basilikum verlesen, waschen, fein schneiden, auf der Schafskäsemasse verteilen. Die Sahne steif schlagen und vorsichtig unter die erkaltete Tomatenmasse ziehen.

6. Die Tomatenmasse gleichmäßig auf der Schafskäsemasse verteilen und im Kühlschrank vollständig fest werden lassen.

7. Zum Anrichten Tomatenecken, Salatblätter und Basilikum auf Tellern dekorativ verteilen. Die Tomaten-Schafskäse-Mousse stürzen und darauf anrichten. Das Ganze mit Aceto balsamico und Olivenöl beträufeln, mit Basilikum garnieren und sofort servieren.

Tomatenterrine

Für 4 Personen:

150 ml helle klare Gemüsebrühe
4 Blatt weiße Gelatine
10 Basilikumblätter

Außerdem:
1 Zwiebel
2 Knoblauchzehen
500 g Tomaten
2 EL Olivenöl
200 ml Fleischbrühe
400 ml passierte Tomaten
einige Zweige Rosmarin
½ Bund Basilikum
Salz, Pfeffer aus der Mühle
1 Prise Cayennepfeffer
1 Prise Zucker
12–14 Blatt weiße Gelatine
200 ml süße Sahne
250 g Kirschtomaten
Zitronenecken und Kräuterzweige zum Garnieren

1. Die Gemüsebrühe in einem Topf erhitzen. Die gut gewässerte Gelatine ausdrücken und in der Gemüsebrühe vollständig auflösen. Die Hälfte des Gemüsegelees in eine gut gekühlte Kastenform füllen und fest werden lassen.

2. Die verlesenen, gewaschenen und abgetropften Basilikumblätter dekorativ auf das Gelee legen, das restliche Gelee vorsichtig einfüllen und erneut fest werden lassen.

3. Zwiebel und Knoblauch schälen und würfeln. Die Tomaten waschen, den Strunk herausschneiden und die Tomaten in Stücke schneiden.

4. Das Olivenöl in einem Topf erhitzen. Die Zwiebel und den Knoblauch dazugeben und glasig schwitzen. Die Tomaten untermischen und kurz mitschwitzen.

5. Die Fleischbrühe und die passierten Tomaten angießen und das Ganze zum Kochen bringen.

6. Rosmarin und Basilikum verlesen, waschen, abtropfen lassen und zum Gemüse geben. Mit Salz, Pfeffer, Cayennepfeffer und Zucker abschmecken und bei mäßiger Hitze auf 800 ml einkochen lassen.

7. Das Ganze durch ein feines Sieb passieren und die gut gewässerte, ausgedrückte Gelatine darin auflösen lassen.

8. Die Sahne steif schlagen und vorsichtig unter das fast erkaltete Tomatengelee ziehen.

9. Die Kirschtomaten waschen, den Strunk herausschneiden, die Tomaten auf das Gemüsegelee setzen, mit der Tomatenmasse überziehen, diese glatt streichen und im Kühlschrank fest werden lassen.

10. Die Tomatenterrine aus der Form stürzen, in Scheiben schneiden, dekorativ anrichten, mit Zitronenecken und Kräuterzweigen garnieren und sofort servieren.

Tomaten mit Käse-Kräuter-Schaum

Für 4 Personen:

12 kleine Tomaten
Salz, Pfeffer aus der Mühle
3 Eier
100 g geriebener holländischer Bauerngouda, mittelalt
1 Hand voll gemischte Kräuter (Dill, Oregano, Basilikum, Estragon)
Butter oder Margarine für die Form
4 Portionen knuspriges Baguette

1. Die Tomaten waschen, einen Deckel abschneiden und die Tomaten aushöhlen. Innen und außen salzen und pfeffern.

2. Die Eier trennen, das Eiweiß mit einer Messerspitze Salz zu steifem Schnee schlagen.

3. Die Eigelbe mit dem geriebenen Käse und den verlesenen, gewaschenen und fein gehackten Kräutern vermischen. Den Eischnee vorsichtig unterheben.

4. Die Tomaten mit der Käsecreme füllen, in eine ausgefettete Auflaufform setzen und im auf 180–200 °C vorgeheizten Backofen zehn Minuten backen.

5. Die Tomaten mit Käse-Kräuter-Schaum dekorativ anrichten, garnieren und mit je einer Portion knusprigem Baguette sofort servieren.

(ohne Abbildung)

Polentanocken auf Tomatensosse

Für 4 Personen:

400 g Maisgrieß (Polenta)
100 g geriebener Parmesankäse
500 ml Milch
1 l Gemüsebrühe
2 EL Olivenöl
Salz
weißer Pfeffer aus der Mühle
1 Prise Muskat
1 Prise Cayennepfeffer

Außerdem:
2 EL Olivenöl
4 Knoblauchzehen
1 TL Salz
1 Zwiebel
1 rote Paprikaschote
750 g geschälte Tomaten aus der Dose
1 Zweig Thymian
100 g geriebener Parmesankäse
Kräuterzweige zum Garnieren

1. Den Maisgrieß mit dem Parmesankäse vermischen und in einen Topf geben. Die Milch, die Gemüsebrühe und das Olivenöl dazugeben und gut verrühren.

2. Das Ganze mit Salz, Pfeffer, Muskat und Cayennepfeffer abschmecken und unter ständigem Rühren einmal aufkochen lassen.

3. Anschließend die Masse vom Herd nehmen und 20–30 Minuten ausquellen lassen.

4. Für die Soße das Olivenöl in einem Topf erhitzen. Die Knoblauchzehen schälen, mit Salz zu einer Paste zerreiben, mit der geschälten, fein gehackten Zwiebel ins Öl geben und kurz anschwitzen.

5. Die Paprikaschote halbieren, entkernen, waschen, in feine Würfel schneiden, zu den Knoblauchzwiebeln geben und kurz mitschwitzen.

6. Die Tomaten in einer Schüssel mit dem Pürierstab pürieren. Zum Gemüse geben und einmal aufkochen lassen.

7. Den Thymianzweig zerpflücken und den Thymian in die Soße geben. Die Soße mit Salz, Pfeffer und Cayennepfeffer abschmecken.

8. Die Soße in eine Auflaufform geben. Aus der Maismasse mit Esslöffeln Nocken abstechen, diese in die Soße setzen, mit geriebenem Parmesankäse bestreuen und im auf 200 °C vorgeheizten Backofen zehn Minuten überbacken.

9. Die Polentanocken mit der Soße dekorativ anrichten, mit Kräuterzweigen garnieren und sofort servieren.

Tomatenomelett

Für 4 Personen:

500 g Tomaten
2 Zwiebeln
1 Hand voll gemischte Kräuter (Basilikum, Oregano, Schnittlauch)
2 Knoblauchzehen
3–4 EL Butter oder Margarine
8 Eier
Salz, Pfeffer aus der Mühle
1 Prise Muskat
Kräuterzweige zum Garnieren

1. Die Tomaten enthäuten, entkernen und in Würfel schneiden. Die Zwiebeln schälen und fein hacken. Die Kräuter verlesen, waschen und ebenfalls fein hacken.

2. Die Knoblauchzehen schälen und fein hacken. Die Butter oder Margarine in einer Pfanne erhitzen und den Knoblauch darin anschwitzen.

3. Die Zwiebelwürfel ins Knoblauchfett geben und unter ständigem Rühren braten.

4. Die Tomatenwürfel hinzufügen und unter ständigem Rühren kurz dünsten, dann die Kräuter untermischen.

5. Die Eier verschlagen, mit Salz, Pfeffer und Muskat kräftig abschmecken, zu den Tomaten geben, kurz stocken lassen und zu einem Omelett zusammenklappen.

6. Das Tomatenomelett dekorativ anrichten, mit Kräuterzweigen garnieren und sofort servieren.

(ohne Abbildung)

Tomaten-Mozzarella-Gratin

Für 4 Personen:

1 kg Tomaten
3 Kugeln Mozzarella (ca. 375 g)
Butter für die Form
2–3 EL Olivenöl zum Beträufeln
Salz, Pfeffer aus der Mühle
1 Prise Cayennepfeffer
1–2 EL Pesto (Fertigprodukt)
Basilikum zum Garnieren

1. Die Tomaten waschen, den Strunk entfernen und die Tomaten in Scheiben schneiden.

2. Die Mozzarellakugeln gut abtropfen lassen und ebenfalls in Scheiben schneiden.

3. Eine Auflaufform ausfetten, Tomaten- und Mozzarellascheiben schichtweise einfüllen.

4. Mit Olivenöl beträufeln, mit Salz, Pfeffer und Cayennepfeffer kräftig würzen und im auf 180–200 °C vorgeheizten Backofen 18–20 Minuten garen.

5. Nach Ende der Garzeit das Tomaten-Mozzarella-Gratin aus dem Ofen nehmen und dekorativ anrichten. Mit Pesto beträufeln, mit Basilikum garnieren und sofort servieren.

Ricottaspaghetti mit rohen Tomaten

Für 4 Personen:

400 g Spaghetti
Salzwasser
einige Tropfen Olivenöl

Außerdem:
250 g Mozzarella
4–5 Tomaten
2–3 EL Olivenöl
100 g durchwachsener, geräucherter Speck
½ Bund Frühlingszwiebeln
75 g schwarze Oliven
50 g eingelegte Kapern
200 g Ricotta
Salz, Pfeffer aus der Mühle
1 Prise Cayennepfeffer
Petersilie zum Garnieren

1. Die Spaghetti im Salzwasser mit dem Olivenöl bissfest garen, abgießen, abschrecken und gut abtropfen lassen.

2. Den Mozzarella in Würfel schneiden. Die Tomaten waschen, den Strunk herausschneiden, die Tomaten vierteln, die Kerne auslösen und das Fruchtfleisch zum Mozzarella geben.

3. Das Olivenöl in einer Pfanne erhitzen. Den Speck in feine Würfel oder Streifen schneiden und im Öl auslassen.

4. Die Frühlingszwiebeln putzen, waschen, in feine Scheiben schneiden, zum Speck geben und kurz mitbraten.

5. Die gut abgetropften Oliven und die Kapern mit den Spaghetti zum Speck geben, durchschwenken und erhitzen.

6. Den Mozzarella, die Tomaten und den Ricotta unterrühren. Mit Salz, Pfeffer und Cayennepfeffer kräftig würzen und nur heiß werden lassen. Anschließend dekorativ anrichten, mit Petersilie garnieren und sofort servieren.

Tomaten-Spargel-Ragout mit Hähnchenbrust

Für 4 Personen:

1 kg grüner Spargel
Salzwasser oder Gemüsebrühe
50 g Butter, ½ unbehandelte Zitrone, 1 TL Zucker, Salz, Pfeffer
Muskat, Cayennepfeffer

Für das Ragout:
150 g Schalotten, 2–3 Knoblauchzehen, 2–3 EL Butter, 2–3 Tomaten, einige Tropfen Zitronensaft

Für die Soße:
1–2 EL Olivenöl, 2 Schalotten
100 g Tomatenmark
400 ml passierte Tomaten

Außerdem:
4 Hähnchenbrustfilets
2–3 EL Butterschmalz
1–2 EL Honig
2–3 EL Weißweinessig
50 g frisch gehobelter Parmesankäse
Basilikum zum Garnieren

1. Den Spargel putzen und die unteren Enden abschneiden. Salzwasser oder Gemüsebrühe mit der Butter, der Zitronenhälfte und dem Zucker in einem Topf zum Kochen bringen. Mit Salz, Pfeffer und Cayennepfeffer abschmecken.

2. Die Spargelstangen in den Sud legen und bissfest garen, herausnehmen und gut abtropfen lassen.

3. Für das Ragout die Schalotten und die Knoblauchzehen schälen und in Würfel oder Scheiben schneiden. Die Butter erhitzen, Schalotten und Knoblauch darin anbraten.

4. Tomaten waschen, den Strunk herausschneiden, die Tomaten halbieren, entkernen und in Streifen schneiden. Mit dem Spargel zu den Knoblauchschalotten geben und braten. Mit Zitronensaft beträufeln, mit Salz, Pfeffer, Muskat und Cayennepfeffer würzen.

5. Das Öl erhitzen. Die Schalotten schälen, fein würfeln, ins Fett geben und glasig schwitzen. Das Tomatenmark einrühren, die passierten Tomaten angießen und einmal aufkochen lassen. Mit Salz, Pfeffer, Cayennepfeffer und Zucker würzen.

6. Die Hähnchenbrustfilets unter fließendem Wasser waschen, trocken tupfen, mit Salz und Pfeffer würzen. Das Butterschmalz in einer Pfanne erhitzen und die Hähnchenbrustfilets darin auf beiden Seiten anbraten.

7. Die Filets im auf 180–200 °C vorgeheizten Backofen 12–15 Minuten garen. Fünf Minuten vor Garende den Honig und den Weinessig verrühren und die Filets damit bestreichen.

8. Das Tomaten-Spargel-Ragout mit der Tomatensoße auf heißen Tellern verteilen. Die Hähnchenbrustfilets aus dem Ofen nehmen, in Scheiben schneiden und auf dem Ragout anrichten. Mit frisch gehobeltem Parmesankäse bestreuen, mit Basilikum garnieren und sofort servieren.

Gnocchi mit geschmolzenen Tomaten

Für 4 Personen:

2 Packungen Gnocchi
(Fertigprodukt à 400 g)
Salzwasser
einige Tropfen Olivenöl

Außerdem:
1 Zwiebel, 2 Knoblauchzehen
1 EL Olivenöl, 1 kg Tomaten
Salz, Pfeffer aus der Mühle
1 Prise Cayennepfeffer
30 g Butter, 50 g frisch gehobelter Parmesankäse
Salbei zum Garnieren

1. Die Gnocchi im Salzwasser mit dem Olivenöl bissfest garen, abgießen, abschrecken, gut abtropfen lassen und warm stellen.

2. Die Zwiebel und die Knoblauchzehen schälen und fein würfeln.

3. Das Olivenöl in einer Pfanne erhitzen, die Zwiebel und den Knoblauch darin glasig schwitzen.

4. Die Tomaten kurz in heißes Wasser tauchen, kalt abschrecken und enthäuten.

5. Den Strunk herausschneiden, das Fruchtfleisch würfeln, zu den Knoblauchzwiebeln geben und mitschwitzen. Mit Salz, Pfeffer und Cayennepfeffer kräftig würzen.

6. Die Butter in einer zweiten Pfanne erhitzen, die Gnocchi dazugeben und durchschwenken. Die geschmolzenen Tomaten untermischen, mit Salz und Pfeffer abrunden.

7. Die Gnocchi anrichten, mit frisch gehobeltem Parmesan bestreuen, mit Salbei garnieren und servieren.

Garnelen in Tomaten-Safran-Sosse

Für 4 Personen:

24 geschälte Garnelenschwänze
Saft von 1 Limette
einige Tropfen Worcestersoße
Salz, Pfeffer aus der Mühle
100 ml Olivenöl
3–4 Knoblauchzehen
2 Zwiebeln
500 g Tomaten
100 ml Weißwein
100 ml Gemüse- oder Fischbrühe
1 Msp. Safran
Kräuterzweige zum Garnieren

1. Die Garnelenschwänze unter fließendem Wasser waschen, trocken tupfen, mit Limettensaft und Worcestersoße beträufeln. Mit Salz und Pfeffer würzen und im Kühlschrank einige Minuten ziehen lassen.

2. Das Olivenöl in einer Pfanne erhitzen. Die Garnelenschwänze darin braten, herausnehmen und warm stellen.

3. Die Knoblauchzehen und die Zwiebeln schälen und klein schneiden, ins verbliebene Bratfett geben und kurz anschwitzen.

4. Die Tomaten enthäuten, entkernen und klein schneiden. Zu den Knoblauchzwiebeln geben und kurz dünsten.

5. Den Weißwein und die Gemüse- oder Fischbrühe angießen und mit Safran aromatisieren. Mit Salz, Pfeffer, Worcestersoße und Limettensaft abrunden.

6. Die Garnelenschwänze in die Soße geben, nochmals erhitzen, dekorativ anrichten, mit Kräuterzweigen garnieren und sofort servieren.

Putenkeule mit Tomaten

Für 4 Personen:

1 kg Putenkeule ohne Knochen
Salz, Pfeffer aus der Mühle
1–2 EL Paprikapulver
2–3 EL Butterschmalz
125 ml Weißwein
375 ml Gemüse- oder Geflügelbrühe
1 Lorbeerblatt
einige Tropfen Zitronensaft
einige Tropfen Worcestersoße
1–2 EL Butter oder Margarine
1 Zwiebel
400 g Kirschtomaten
Kräuterzweige zum Garnieren

1. Die küchenfertige Putenkeule unter fließendem Wasser waschen, trocken tupfen, mit Salz, Pfeffer und Paprikapulver kräftig würzen. Die Putenkeule zusammenrollen und mit einer Küchenschnur binden.

2. Das Butterschmalz in einem Bräter erhitzen und die Putenkeule darin rundherum gut Farbe nehmen lassen.

3. Mit Weißwein ablöschen, die Gemüse- oder Geflügelbrühe angießen, das Lorbeerblatt dazugeben und das Ganze im auf 180–200 °C vorgeheizten Backofen 60–70 Minuten schmoren lassen.

4. Die Putenkeule aus der Soße nehmen, die Soße entfetten und mit Zitronensaft, Worcestersoße, Salz und Pfeffer abrunden.

5. Die Butter oder Margarine in eine Pfanne geben und die geschälte, fein gehackte Zwiebel darin glasig schwitzen.

6. Die Kirschtomaten waschen, den Strunk herausschneiden, die Tomaten halbieren oder vierteln, zu der Zwiebel geben und kurz mitschwitzen. Mit Salz, Pfeffer, Zitronensaft und Worcestersoße abschmecken.

7. Die kalte Putenkeule in Scheiben schneiden, die Kirschtomaten dazugeben, dekorativ anrichten, mit Kräuterzweigen garnieren und sofort servieren.

8. Die Soße können Sie sehr gut auch kalt zum Braten reichen oder ein Gelee daraus herstellen. Hierfür in der noch warmen Soße gut gewässerte Gelatine auflösen lassen, die Soße in einer Form vollständig fest werden lassen, in Würfel schneiden und zum Braten servieren.

Feurige Tomatenschnitzelchen

Für 4 Personen:

8 kleine Puten- oder Schweineschnitzel à 80–100 g
2–3 EL Olivenöl
2 Knoblauchzehen, 1 TL Salz
1 EL geriebene Zitronenschale
Salz, Pfeffer aus der Mühle
1 Zwiebel, 6 Tomaten
6 kleine milde Chilischoten
100 g schwarze und grüne Oliven
100 ml Weißwein
300 ml Gemüse- oder Fleischbrühe
2 EL Honig
2 EL weißer Balsamicoessig
Basilikumblättchen und grüne Tomatenscheiben zum Garnieren

1. Die Puten- oder Schweineschnitzel unter fließendem Wasser waschen und trocken tupfen.

2. Das Olivenöl in einer Pfanne erhitzen, die mit Salz zerriebenen Knoblauchzehen und die geriebene Zitronenschale ins Fett geben und kurz anschwitzen.

3. Die Schnitzel mit Salz und Pfeffer würzen, ins Gewürzöl geben und braten, herausnehmen und warm stellen.

4. Die Zwiebel schälen, in feine Würfel schneiden, ins verbliebene Bratfett geben und anschwitzen.

5. Die enthäuteten, entkernten, in Würfel geschnittenen Tomaten mit den gewaschenen Chilischoten und den Oliven zu den Zwiebeln geben und kurz dünsten.

6. Mit Weißwein und Gemüse- oder Fleischbrühe aufgießen, das Ganze einmal kräftig aufkochen lassen und mit Honig und Balsamicoessig abrunden.

7. Die Soße nochmals mit Salz und Pfeffer abschmecken, mit den Schnitzelchen dekorativ anrichten, mit Basilikumblättchen und grünen Tomatenscheiben garnieren und sofort servieren.

Involtini mit getrockneten Tomaten und Pesto

Für 4 Personen:

4 Kalbsschnitzel à 180–200 g
Salz, Pfeffer aus der Mühle
100 g in Öl eingelegte, getrocknete Tomaten
125 g Mozzarella
einige Zweige Basilikum
einige Tropfen Aceto balsamico
1 EL Butterschmalz

Für das Pesto:
1 Bund Basilikum
30 g geröstete Pinienkerne
Saft von 1 Zitrone
2 Knoblauchzehen
50 g frisch geriebener Parmesankäse
100 ml Olivenöl

Außerdem:
1 TL Butter
250 g Kirschtomaten
Basilikum zum Garnieren

1. Die küchenfertigen Kalbsschnitzel waschen, trocken tupfen und einmal der Länge nach halbieren. Mit Salz und Pfeffer würzen.

2. Die Tomaten gut abtropfen lassen und klein schneiden. Den Mozzarella in Würfel schneiden. Das Basilikum verlesen, waschen und klein schneiden, mit den Tomaten und dem Mozzarella vermischen, mit Aceto balsamico beträufeln, mit Salz und Pfeffer würzen.

3. Die Mischung gleichmäßig auf den Kalbsschnitzeln verteilen und diese zusammenrollen. Mit Zahnstochern feststecken.

4. Butterschmalz in einer Pfanne erhitzen und die Involtini darin rundherum anbraten.

5. Die Involtini im auf 180–200 °C vorgeheizten Backofen 10–12 Minuten garen.

6. In der Zwischenzeit das Basilikum verlesen, waschen und klein schneiden.

7. Mit den Pinienkernen, dem Zitronensaft, den geschälten, klein geschnittenen Knoblauchzehen und dem Parmesankäse im Mixer oder mit dem Pürierstab pürieren.

8. Tropfenweise das Olivenöl einrühren, mit Salz und Pfeffer abrunden.

9. Die Butter in einer Pfanne erhitzen. Die Kirschtomaten waschen, den Strunk herausschneiden, die Tomaten ins Fett geben und 4–5 Minuten dünsten. Mit Salz und Pfeffer würzen.

10. Die Involtini aus dem Ofen nehmen, mit den Kirschtomaten dekorativ anrichten, mit Pesto beträufeln, mit Basilikum garnieren und mit Nudeln sofort servieren.

Goldbarschfilets mit Tomatenkruste

Für 4 Personen:

4 Goldbarschfilets à 180 g
einige Tropfen Zitronensaft
einige Tropfen Worcestersoße
Salz, Pfeffer aus der Mühle

Für die Kruste:
100 g Semmelbrösel
2 Eier
2–3 EL Mascarpone
20 g Tomatenmark
50 g gemischte gehackte Kräuter (Oregano, Basilikum, Kerbel)
50 g geriebener Parmesankäse
Butter für die Form

Außerdem:
100 ml Weißwein
200 ml Gemüse- oder Fischfond
200 ml süße Sahne
20 g Tomatenmark
Johannisbrotkernmehl zum Binden
Kräuterzweige zum Garnieren

1. Die küchenfertigen Goldbarschfilets halbieren, unter fließendem Wasser waschen, trocken tupfen, mit Zitronensaft und Worcestersoße beträufeln, mit Salz und Pfeffer würzen und im Kühlschrank ca. 10 Minuten ziehen lassen.

2. Die Semmelbrösel mit den Eiern, dem Mascarpone und dem Tomatenmark in eine Schüssel geben.

3. Die gehackten Kräuter und den Parmesankäse dazugeben und das Ganze verrühren.

4. Mit Zitronensaft, Worcestersoße, Salz und Pfeffer abschmecken.

5. Die Masse in einen Spritzbeutel füllen und auf die Fischfilets dressieren.

6. Eine feuerfeste Auflaufform mit der Butter ausfetten, die Fischfilets einsetzen, den Weißwein und den Gemüse- oder Fischfond angießen und das Ganze im auf 180–200 °C vorgeheizten Backofen 15–20 Minuten backen.

7. Die Goldbarschfilets mit Tomatenkruste aus der Soße nehmen.

8. Die Soße in einen Topf gießen, die Sahne dazugeben, das Tomatenmark einrühren und das Ganze kurz einreduzieren lassen.

9. Die Soße mit Salz, Pfeffer, Zitronensaft und Worcestersoße abschmecken und mit Johannisbrotkernmehl nach Geschmack leicht binden.

10. Die Soße auf heißen Tellern verteilen, die Goldbarschfilets einsetzen, mit Kräuterzweigen garnieren und sofort servieren.

Tomaten-Mozzarella-Gratin mit Fischstäbchen

Für 4 Personen:

800 g Tomaten
400 g Mozzarella
Salz, Pfeffer aus der Mühle
1 Prise Zucker
16 Fischstäbchen
Butterschmalz zum Ausbacken

Für das Pesto:
1 Bund Basilikum
½ Bund glatte Petersilie
2–3 Knoblauchzehen
10 entsteinte, schwarze Oliven
30 g geschälte Mandeln
30 g geschälte Macadamia-Nüsse
50 g geriebener Parmesankäse
Saft von 1 Zitrone
150–200 ml Olivenöl
Basilikum zum Garnieren

1. Die Tomaten waschen, den Strunk herausschneiden, die Tomaten in Scheiben schneiden. Den Mozzarella in Scheiben schneiden und beides in eine feuerfeste Form schichten.

2. Die Tomaten mit Salz, Pfeffer und Zucker bestreuen und im auf 180–200 °C vorgeheizten Backofen 12–15 Minuten überbacken.

3. Die Fischstäbchen im erhitzten Butterschmalz goldgelb ausbacken und warm stellen.

4. Für das Pesto die Kräuter verlesen, waschen und fein hacken. Den Knoblauch schälen und fein hacken, mit den klein geschnittenen Oliven in eine Schüssel geben.

5. Die Mandeln und die Macadamia-Nüsse mit dem geriebenen Parmesankäse untermischen und den Zitronensaft angießen.

6. Mit dem Pürierstab oder im Mixer pürieren. Das Olivenöl tropfenweise einrühren, bis eine cremige Paste entsteht.

7. Das Tomaten-Mozzarella-Gratin mit dem Pesto überziehen. Die Fischstäbchen darauflegen und das Gratin bei 180 °C etwa 8–10 Minuten fertig garen, herausnehmen und dekorativ anrichten. Mit Basilikum garnieren und sofort servieren.

Gefüllte Tomaten im Spaghettinest

Für 4 Personen:

8 große Fleischtomaten

Für die Füllung:
1–2 EL Olivenöl
1 Zwiebel, 2 Knoblauchzehen
500 g Rinderhack
2–3 EL Tomatenmark
100 ml Rotwein
Salz, Pfeffer aus der Mühle
1 Prise Muskat
150 g geriebener Pastakäse
125 g Crème fraîche
3–4 EL Semmelbrösel
½ Bund Petersilie
Butter für die Form

Außerdem:
300 g Spaghetti
Salzwasser
einige Tropfen Olivenöl
1 Zucchini
3–4 EL Olivenöl

1. Die Tomaten waschen, eine Haube abschneiden und die Tomaten aushöhlen. Das Olivenöl in einem Topf erhitzen. Die Zwiebel und die Knoblauchzehen schälen, fein würfeln, ins Öl geben und anschwitzen.

2. Das Rinderhack dazugeben und anbraten, das Tomatenmark einrühren und mit dem Rotwein ablöschen.

3. Mit Salz, Pfeffer und Muskat kräftig abschmecken. Die Masse vom Herd nehmen und leicht abkühlen lassen.

4. Den Pastakäse und die Crème fraîche einrühren, mit Semmelbröseln binden und die verlesene, gewaschene und fein geschnittene Petersilie untermischen.

5. Die Hackfleischmasse in die Tomaten füllen, diese in eine ausgefettete Auflaufform setzen und in dem auf 200 °C vorgeheizten Backofen auf der unteren Schiene 20–25 Minuten garen.

6. In der Zwischenzeit die Spaghetti im Salzwasser mit dem Öl bissfest garen, abgießen, abschrecken und gut abtropfen lassen.

7. Die Zucchini putzen, in lange, dünne Scheiben schneiden und in Salzwasser blanchieren, herausnehmen und gut abtropfen lassen.

8. Das Olivenöl in einer Pfanne erhitzen, die Spaghetti und die Zucchini dazugeben, durchschwenken und erhitzen, mit Salz würzen.

9. Die Zucchini-Spaghetti anrichten, die gefüllten Tomaten daraufsetzen und sofort servieren.

Überbackene Tomatenkoteletts

Für 4 Personen:

4 küchenfertige Schweinekoteletts à 200–220 g
Salz, Pfeffer aus der Mühle
1 Prise Cayennepfeffer
Butterschmalz zum Braten
2 Zwiebeln
250 g Kirschtomaten
150 g Butterkäse

Für die Spaghetti:
200 g Spaghetti
Salzwasser
einige Tropfen Olivenöl
Butter zum Braten
2–3 Knoblauchzehen
Saft von 1 Limette
1 Bund Basilikum
Kräuterzweige zum Garnieren

1. Die Schweinekoteletts unter fließendem Wasser waschen, trocken tupfen, mit Salz, Pfeffer und Cayennepfeffer würzen.

2. Das Butterschmalz in einer Pfanne erhitzen, die Koteletts darin anbraten, herausnehmen und in eine feuerfeste Form legen.

3. Die Zwiebeln schälen, in Scheiben schneiden, ins verbliebene Bratfett geben und anbraten.

4. Die Tomaten waschen, vom Strunk befreien, zu den Zwiebeln geben, kurz mitbraten, mit Salz, Pfeffer und Cayennepfeffer würzen.

5. Das Ganze gleichmäßig auf den Schweinekoteletts verteilen, mit dem geriebenen Butterkäse bestreuen und im auf 200–220 °C vorgeheizten Backofen 15–18 Minuten überbacken.

6. Die Spaghetti im Salzwasser mit dem Olivenöl bissfest garen, abgießen, abschrecken und bereitstellen.

7. Die Butter in einer Pfanne erhitzen, die geschälten und fein gehackten Knoblauchzehen darin anschwitzen und mit dem Limettensaft ablöschen. Das verlesene, gewaschene und fein geschnittene Basilikum mit den Spaghetti ins Knoblauchfett geben und erhitzen.

8. Die Knoblauchspaghetti mit den überbackenen Tomatenkoteletts dekorativ anrichten, mit Kräuterzweigen garnieren und sofort servieren.

TOMATENCHUTNEY

FÜR 4 PERSONEN:

500 g Tomaten
500 g beliebiges Fruchtfleisch (Papayas, Bananen, Birnen, Kumquats)
250 g Zwiebeln
1–2 Knoblauchzehen
1 TL Salz
1 rote Pfefferschote
125 ml Obstessig
375 ml Weißwein
100 g Rosinen
abgeriebene Schale von 1 unbehandelten Zitrone
150 g Gelierzucker
Salz, Pfeffer aus der Mühle

1. Die Tomaten enthäuten, entkernen und in Würfel schneiden. Die Früchte entsprechend vorbereiten und ebenfalls würfeln oder in Scheiben schneiden.

2. Die Zwiebeln schälen und fein hacken, die Knoblauchzehen schälen und mit Salz zu einer Paste zerreiben. Die Pfefferschote entkernen, waschen und in sehr feine Würfel oder Streifen schneiden.

3. Die Tomaten mit den Früchten, den Zwiebeln, der Knoblauchpaste und den Pfefferschoten in einen Topf geben.

4. Den Obstessig, den Weißwein, die Rosinen und die Zitronenschale unterheben, den Gelierzucker einrühren und das Ganze zum Kochen bringen.

5. Unter ständigem Rühren 6–8 Minuten köcheln lassen. Anschließend das Chutney mit Salz und Pfeffer kräftig abschmecken, in saubere Einmachgläser füllen und diese fest verschließen.

6. Das Tomatenchutney bis zum Verzehr an einem kühlen, dunklen Ort lagern.

Eingelegte Knoblauch-Tomaten

Für 4 Personen:

2 kg kleine feste rote und grüne Tomaten
1–2 Knoblauchzwiebeln
1 l Gemüsebrühe
je 750 ml Apfelessig und Weißwein, 100 ml Zitronensaft
150 g Zucker, 4 EL Salz
einige Lorbeerblätter
einige Pfefferkörner
einige Nelken, 50 g Senfkörner

1. Die Tomaten waschen, den Strunk herausschneiden und die Tomaten mehrmals mit einer Gabel oder einer Nadel einstechen.

2. Die Knoblauchzwiebeln auseinanderbrechen, die einzelnen Zehen schälen und je nach Größe halbieren oder vierteln.

3. Die Gemüsebrühe mit dem Apfelessig und dem Weißwein in einen Topf geben und zum Kochen bringen.

4. Den Zitronensaft, den Zucker, das Salz und die Gewürze dazugeben und alles bei mäßiger Hitze 6–8 Minuten ziehen lassen.

5. Die Tomaten mit dem Knoblauch schichtweise in Einmachgläser füllen, den Sud durch ein Sieb passieren und die Tomaten damit übergießen.

6. Die Gläser verschließen und an einem kühlen, dunklen Ort 3–4 Tage ziehen lassen. So zum Verzehr bereitstellen.

Tomatenketchup

Für 4 Personen:

3 kg reife Tomaten
1 rote Chilischote
150 ml Weißweinessig
4 TL Zucker, 1 TL geriebener Ingwer, 1 Prise Muskat
1 TL weißer Pfeffer
einige Gewürznelken
2 TL gemahlener Piment
2 EL Curry, 2–3 EL Salz
250 ml Erdnussöl

1. Die Tomaten waschen, den Strunk herausschneiden, die Tomaten in Scheiben schneiden und in einen Topf geben. Die Chilischote halbieren, entkernen, waschen, fein schneiden und zu den Tomaten geben.

2. Den Weißweinessig, den Zucker und die Gewürze hinzufügen und unter ständigem Rühren so lange kochen, bis die Flüssigkeit fast verdampft ist.

3. Die Tomaten durch ein Sieb passieren, in einen Topf geben und unter ständigem Rühren weitere 10 Minuten köcheln lassen.

4. Den Tomatenketchup in gut verschließbare Gläser füllen, das Erdnussöl darübergießen, die Gläser fest verschließen und bis zum Verzehr kühl aufbewahren.

Eingelegte Tomaten

Für 4 Personen:

2 kg kleine, feste Tomaten
500 g Zwiebeln
1 l Gemüsebrühe, je 750 ml Apfelessig und Weißwein
1 Tasse Zitronensaft
150 g Zucker, 4 EL Salz
einige Lorbeerblätter
einige Pfefferkörner
einige Nelken, 1 Tasse Senfkörner

1. Die Tomaten waschen, den Strunk herausschneiden und die Tomaten mehrmals mit einer Gabel oder einer Nadel einstechen.

2. Die Zwiebeln schälen und in feine Scheiben schneiden. Die Gemüsebrühe mit dem Apfelessig und dem Weißwein in einen Topf geben und zum Kochen bringen.

3. Den Zitronensaft, den Zucker und das Salz dazugeben, die Lorbeerblätter, die Pfefferkörner, die Nelken und die Senfkörner untermischen. Alles zum Kochen bringen und 6–8 Minuten ziehen lassen.

4. Die Tomaten und die Zwiebeln schichtweise in Einmachgläser füllen und mit dem Sud übergießen.

5. Die Gläser verschließen, an einem kühlen, dunklen Ort 3–4 Tage ziehen lassen und zum Verzehr bereitstellen.

(ohne Abbildung)

Register

garant Verlag GmbH, Renningen
www.garant-verlag.de

ISBN 978-3-86766-766-1